Mein

Dienstplan(er)

Persönliche Daten

Name :

Adresse :

Telefonnummer :

Firma :

Abteilung :

Personalnummer :

Kontakte

Name	Adresse / Telefonnummer

Kontakte

Name	Adresse / Telefonnummer

Wichtige Termine

Monat: _____

Datum:	Termin:

Meine Woche

Montag: Arbeitszeit: von   bis

Frühschicht	☐	Spätschicht	☐
Teilschicht	☐	Nachtschicht	☐
Urlaub	☐	Krank	☐

Stunden ☐

Überstunden ☐

Dienstag: Arbeitszeit: von   bis

Frühschicht	☐	Spätschicht	☐
Teilschicht	☐	Nachtschicht	☐
Urlaub	☐	Krank	☐

Stunden ☐

Überstunden ☐

Mittwoch: Arbeitszeit: von   bis

Frühschicht	☐	Spätschicht	☐
Teilschicht	☐	Nachtschicht	☐
Urlaub	☐	Krank	☐

Stunden ☐

Überstunden ☐

Donnerstag: Arbeitszeit: von   bis

Frühschicht	☐	Spätschicht	☐
Teilschicht	☐	Nachtschicht	☐
Urlaub	☐	Krank	☐

Stunden ☐

Überstunden ☐

Freitag: Arbeitszeit: von   bis

Frühschicht		Spätschicht	
Teilschicht		Nachtschicht	
Urlaub		Krank	

Stunden ☐
Überstunden ☐

Samstag: Arbeitszeit: von   bis

Frühschicht		Spätschicht	
Teilschicht		Nachtschicht	
Urlaub		Krank	

Stunden ☐
Überstunden ☐

Sonntag: Arbeitszeit: von   bis

Frühschicht		Spätschicht	
Teilschicht		Nachtschicht	
Urlaub		Krank	

Stunden ☐
Überstunden ☐

Gesamtstunden ☐

Meine Woche

Montag: Arbeitszeit: von   bis

Frühschicht	Spätschicht
Teilschicht	Nachtschicht
Urlaub	Krank

Stunden
Überstunden

Dienstag: Arbeitszeit: von   bis

Frühschicht	Spätschicht
Teilschicht	Nachtschicht
Urlaub	Krank

Stunden
Überstunden

Mittwoch: Arbeitszeit: von   bis

Frühschicht	Spätschicht
Teilschicht	Nachtschicht
Urlaub	Krank

Stunden
Überstunden

Donnerstag: Arbeitszeit: von   bis

Frühschicht	Spätschicht
Teilschicht	Nachtschicht
Urlaub	Krank

Stunden
Überstunden

Freitag:　　　　Arbeitszeit: von　　　bis

Frühschicht		Spätschicht	
Teilschicht		Nachtschicht	
Urlaub		Krank	

Stunden ☐
Überstunden ☐

Samstag:　　　　Arbeitszeit: von　　　bis

Frühschicht		Spätschicht	
Teilschicht		Nachtschicht	
Urlaub		Krank	

Stunden ☐
Überstunden ☐

Sonntag:　　　　Arbeitszeit: von　　　bis

Frühschicht		Spätschicht	
Teilschicht		Nachtschicht	
Urlaub		Krank	

Stunden ☐
Überstunden ☐

Gesamtstunden ☐

Meine Woche

Montag: Arbeitszeit: von   bis

Frühschicht ☐   Spätschicht ☐

Teilschicht ☐   Nachtschicht ☐

Urlaub ☐   Krank ☐

Stunden ☐

Überstunden ☐

Dienstag: Arbeitszeit: von   bis

Frühschicht ☐   Spätschicht ☐

Teilschicht ☐   Nachtschicht ☐

Urlaub ☐   Krank ☐

Stunden ☐

Überstunden ☐

Mittwoch: Arbeitszeit: von   bis

Frühschicht ☐   Spätschicht ☐

Teilschicht ☐   Nachtschicht ☐

Urlaub ☐   Krank ☐

Stunden ☐

Überstunden ☐

Donnerstag: Arbeitszeit: von   bis

Frühschicht ☐   Spätschicht ☐

Teilschicht ☐   Nachtschicht ☐

Urlaub ☐   Krank ☐

Stunden ☐

Überstunden ☐

Freitag: Arbeitszeit: von bis

Frühschicht	Spätschicht
Teilschicht	Nachtschicht
Urlaub	Krank

Stunden

Überstunden

Samstag: Arbeitszeit: von bis

Frühschicht	Spätschicht
Teilschicht	Nachtschicht
Urlaub	Krank

Stunden

Überstunden

Sonntag: Arbeitszeit: von bis

Frühschicht	Spätschicht
Teilschicht	Nachtschicht
Urlaub	Krank

Stunden

Überstunden

Gesamtstunden

Meine Woche

Montag: Arbeitszeit: von   bis

Frühschicht	Spätschicht
Teilschicht	Nachtschicht
Urlaub	Krank

Stunden
Überstunden

Dienstag: Arbeitszeit: von   bis

Frühschicht	Spätschicht
Teilschicht	Nachtschicht
Urlaub	Krank

Stunden
Überstunden

Mittwoch: Arbeitszeit: von   bis

Frühschicht	Spätschicht
Teilschicht	Nachtschicht
Urlaub	Krank

Stunden
Überstunden

Donnerstag: Arbeitszeit: von   bis

Frühschicht	Spätschicht
Teilschicht	Nachtschicht
Urlaub	Krank

Stunden
Überstunden

Freitag: Arbeitszeit: von   bis

Frühschicht	Spätschicht
Teilschicht	Nachtschicht
Urlaub	Krank

Stunden
Überstunden

Samstag: Arbeitszeit: von   bis

Frühschicht	Spätschicht
Teilschicht	Nachtschicht
Urlaub	Krank

Stunden
Überstunden

Sonntag: Arbeitszeit: von   bis

Frühschicht	Spätschicht
Teilschicht	Nachtschicht
Urlaub	Krank

Stunden
Überstunden

Gesamtstunden

Meine Woche

Montag: Arbeitszeit: von ___ bis ___

Frühschicht ☐	Spätschicht ☐
Teilschicht ☐	Nachtschicht ☐
Urlaub ☐	Krank ☐

Stunden ☐
Überstunden ☐

Dienstag: Arbeitszeit: von ___ bis ___

Frühschicht ☐	Spätschicht ☐
Teilschicht ☐	Nachtschicht ☐
Urlaub ☐	Krank ☐

Stunden ☐
Überstunden ☐

Mittwoch: Arbeitszeit: von ___ bis ___

Frühschicht ☐	Spätschicht ☐
Teilschicht ☐	Nachtschicht ☐
Urlaub ☐	Krank ☐

Stunden ☐
Überstunden ☐

Donnerstag: Arbeitszeit: von ___ bis ___

Frühschicht ☐	Spätschicht ☐
Teilschicht ☐	Nachtschicht ☐
Urlaub ☐	Krank ☐

Stunden ☐
Überstunden ☐

Freitag: Arbeitszeit: von   bis

Frühschicht	Spätschicht
Teilschicht	Nachtschicht
Urlaub	Krank

Stunden ☐
Überstunden ☐

Samstag: Arbeitszeit: von   bis

Frühschicht	Spätschicht
Teilschicht	Nachtschicht
Urlaub	Krank

Stunden ☐
Überstunden ☐

Sonntag: Arbeitszeit: von   bis

Frühschicht	Spätschicht
Teilschicht	Nachtschicht
Urlaub	Krank

Stunden ☐
Überstunden ☐

Gesamtstunden ☐

Monatsüberblick

Gesamtstunden	
Überstunden	
Arbeitstage gesamt	
Freie Tage	
Krank Tage	
Urlaubstage	

Wichtige Termine

Monat: _____

Datum:	Termin:

Meine Woche

Montag: Arbeitszeit: von   bis

Frühschicht ☐	Spätschicht ☐
Teilschicht ☐	Nachtschicht ☐
Urlaub ☐	Krank ☐

Stunden ☐

Überstunden ☐

Dienstag: Arbeitszeit: von   bis

Frühschicht ☐	Spätschicht ☐
Teilschicht ☐	Nachtschicht ☐
Urlaub ☐	Krank ☐

Stunden ☐

Überstunden ☐

Mittwoch: Arbeitszeit: von   bis

Frühschicht ☐	Spätschicht ☐
Teilschicht ☐	Nachtschicht ☐
Urlaub ☐	Krank ☐

Stunden ☐

Überstunden ☐

Donnerstag: Arbeitszeit: von   bis

Frühschicht ☐	Spätschicht ☐
Teilschicht ☐	Nachtschicht ☐
Urlaub ☐	Krank ☐

Stunden ☐

Überstunden ☐

Freitag: Arbeitszeit: von ___ bis ___

Frühschicht ☐	Spätschicht ☐
Teilschicht ☐	Nachtschicht ☐
Urlaub ☐	Krank ☐

Stunden ☐
Überstunden ☐

Samstag: Arbeitszeit: von ___ bis ___

Frühschicht ☐	Spätschicht ☐
Teilschicht ☐	Nachtschicht ☐
Urlaub ☐	Krank ☐

Stunden ☐
Überstunden ☐

Sonntag: Arbeitszeit: von ___ bis ___

Frühschicht ☐	Spätschicht ☐
Teilschicht ☐	Nachtschicht ☐
Urlaub ☐	Krank ☐

Stunden ☐
Überstunden ☐

Gesamtstunden ☐

Meine Woche

Montag: Arbeitszeit: von bis

Frühschicht	Spätschicht	
Teilschicht	Nachtschicht	Stunden
Urlaub	Krank	Überstunden

Dienstag: Arbeitszeit: von bis

Frühschicht	Spätschicht	
Teilschicht	Nachtschicht	Stunden
Urlaub	Krank	Überstunden

Mittwoch: Arbeitszeit: von bis

Frühschicht	Spätschicht	
Teilschicht	Nachtschicht	Stunden
Urlaub	Krank	Überstunden

Donnerstag: Arbeitszeit: von bis

Frühschicht	Spätschicht	
Teilschicht	Nachtschicht	Stunden
Urlaub	Krank	Überstunden

Freitag: Arbeitszeit: von   bis

Frühschicht ☐	Spätschicht ☐
Teilschicht ☐	Nachtschicht ☐
Urlaub ☐	Krank ☐

Stunden ☐
Überstunden ☐

Samstag: Arbeitszeit: von   bis

Frühschicht ☐	Spätschicht ☐
Teilschicht ☐	Nachtschicht ☐
Urlaub ☐	Krank ☐

Stunden ☐
Überstunden ☐

Sonntag: Arbeitszeit: von   bis

Frühschicht ☐	Spätschicht ☐
Teilschicht ☐	Nachtschicht ☐
Urlaub ☐	Krank ☐

Stunden ☐
Überstunden ☐

Gesamtstunden ☐

Meine Woche

Montag: Arbeitszeit: von   bis

Frühschicht		Spätschicht	
Teilschicht		Nachtschicht	
Urlaub		Krank	

Stunden
Überstunden

Dienstag: Arbeitszeit: von   bis

Frühschicht		Spätschicht	
Teilschicht		Nachtschicht	
Urlaub		Krank	

Stunden
Überstunden

Mittwoch: Arbeitszeit: von   bis

Frühschicht		Spätschicht	
Teilschicht		Nachtschicht	
Urlaub		Krank	

Stunden
Überstunden

Donnerstag: Arbeitszeit: von   bis

Frühschicht		Spätschicht	
Teilschicht		Nachtschicht	
Urlaub		Krank	

Stunden
Überstunden

Freitag:	Arbeitszeit: von	bis

Frühschicht		Spätschicht			Stunden	
Teilschicht		Nachtschicht			Überstunden	
Urlaub		Krank				

Samstag:	Arbeitszeit: von	bis

Frühschicht		Spätschicht			Stunden	
Teilschicht		Nachtschicht			Überstunden	
Urlaub		Krank				

Sonntag:	Arbeitszeit: von	bis

Frühschicht		Spätschicht			Stunden	
Teilschicht		Nachtschicht			Überstunden	
Urlaub		Krank				

Gesamtstunden

Meine Woche

Montag: Arbeitszeit: von   bis

Frühschicht		Spätschicht	
Teilschicht		Nachtschicht	
Urlaub		Krank	

Stunden   [ ]

Überstunden   [ ]

Dienstag: Arbeitszeit: von   bis

Frühschicht		Spätschicht	
Teilschicht		Nachtschicht	
Urlaub		Krank	

Stunden   [ ]

Überstunden   [ ]

Mittwoch: Arbeitszeit: von   bis

Frühschicht		Spätschicht	
Teilschicht		Nachtschicht	
Urlaub		Krank	

Stunden   [ ]

Überstunden   [ ]

Donnerstag: Arbeitszeit: von   bis

Frühschicht		Spätschicht	
Teilschicht		Nachtschicht	
Urlaub		Krank	

Stunden   [ ]

Überstunden   [ ]

Freitag: Arbeitszeit: von ___ bis ___

Frühschicht ☐	Spätschicht ☐
Teilschicht ☐	Nachtschicht ☐
Urlaub ☐	Krank ☐

Stunden ☐
Überstunden ☐

Samstag: Arbeitszeit: von ___ bis ___

Frühschicht ☐	Spätschicht ☐
Teilschicht ☐	Nachtschicht ☐
Urlaub ☐	Krank ☐

Stunden ☐
Überstunden ☐

Sonntag: Arbeitszeit: von ___ bis ___

Frühschicht ☐	Spätschicht ☐
Teilschicht ☐	Nachtschicht ☐
Urlaub ☐	Krank ☐

Stunden ☐
Überstunden ☐

Gesamtstunden ☐

Meine Woche

Montag: Arbeitszeit: von   bis

Frühschicht ☐   Spätschicht ☐

Teilschicht ☐   Nachtschicht ☐

Urlaub ☐   Krank ☐

Stunden ☐
Überstunden ☐

Dienstag: Arbeitszeit: von   bis

Frühschicht ☐   Spätschicht ☐

Teilschicht ☐   Nachtschicht ☐

Urlaub ☐   Krank ☐

Stunden ☐
Überstunden ☐

Mittwoch: Arbeitszeit: von   bis

Frühschicht ☐   Spätschicht ☐

Teilschicht ☐   Nachtschicht ☐

Urlaub ☐   Krank ☐

Stunden ☐
Überstunden ☐

Donnerstag: Arbeitszeit: von   bis

Frühschicht ☐   Spätschicht ☐

Teilschicht ☐   Nachtschicht ☐

Urlaub ☐   Krank ☐

Stunden ☐
Überstunden ☐

Freitag:	Arbeitszeit: von	bis

Frühschicht	Spätschicht	Stunden
Teilschicht	Nachtschicht	Überstunden
Urlaub	Krank	

Samstag:	Arbeitszeit: von	bis

Frühschicht	Spätschicht	Stunden
Teilschicht	Nachtschicht	Überstunden
Urlaub	Krank	

Sonntag:	Arbeitszeit: von	bis

Frühschicht	Spätschicht	Stunden
Teilschicht	Nachtschicht	Überstunden
Urlaub	Krank	

Gesamtstunden

Monatsüberblick

Gesamtstunden	

Überstunden	

Arbeitstage gesamt	

Freie Tage	

Krank Tage	

Urlaubstage	

Wichtige Termine

Monat:

Datum:	Termin:

Meine Woche

Montag: Arbeitszeit: von bis

Frühschicht	Spätschicht
Teilschicht	Nachtschicht
Urlaub	Krank

Stunden
Überstunden

Dienstag: Arbeitszeit: von bis

Frühschicht	Spätschicht
Teilschicht	Nachtschicht
Urlaub	Krank

Stunden
Überstunden

Mittwoch: Arbeitszeit: von bis

Frühschicht	Spätschicht
Teilschicht	Nachtschicht
Urlaub	Krank

Stunden
Überstunden

Donnerstag: Arbeitszeit: von bis

Frühschicht	Spätschicht
Teilschicht	Nachtschicht
Urlaub	Krank

Stunden
Überstunden

Freitag: Arbeitszeit: von   bis

Frühschicht	Spätschicht		Stunden	
Teilschicht	Nachtschicht		Überstunden	
Urlaub	Krank			

Samstag: Arbeitszeit: von   bis

Frühschicht	Spätschicht		Stunden	
Teilschicht	Nachtschicht		Überstunden	
Urlaub	Krank			

Sonntag: Arbeitszeit: von   bis

Frühschicht	Spätschicht		Stunden	
Teilschicht	Nachtschicht		Überstunden	
Urlaub	Krank			

Gesamtstunden

Meine Woche

Montag:
Arbeitszeit: von ___ bis ___

Frühschicht ☐	Spätschicht ☐
Teilschicht ☐	Nachtschicht ☐
Urlaub ☐	Krank ☐

Stunden ☐
Überstunden ☐

Dienstag:
Arbeitszeit: von ___ bis ___

Frühschicht ☐	Spätschicht ☐
Teilschicht ☐	Nachtschicht ☐
Urlaub ☐	Krank ☐

Stunden ☐
Überstunden ☐

Mittwoch:
Arbeitszeit: von ___ bis ___

Frühschicht ☐	Spätschicht ☐
Teilschicht ☐	Nachtschicht ☐
Urlaub ☐	Krank ☐

Stunden ☐
Überstunden ☐

Donnerstag:
Arbeitszeit: von ___ bis ___

Frühschicht ☐	Spätschicht ☐
Teilschicht ☐	Nachtschicht ☐
Urlaub ☐	Krank ☐

Stunden ☐
Überstunden ☐

Freitag: Arbeitszeit: von   bis

Frühschicht ☐	Spätschicht ☐
Teilschicht ☐	Nachtschicht ☐
Urlaub ☐	Krank ☐

Stunden ☐

Überstunden ☐

Samstag: Arbeitszeit: von   bis

Frühschicht ☐	Spätschicht ☐
Teilschicht ☐	Nachtschicht ☐
Urlaub ☐	Krank ☐

Stunden ☐

Überstunden ☐

Sonntag: Arbeitszeit: von   bis

Frühschicht ☐	Spätschicht ☐
Teilschicht ☐	Nachtschicht ☐
Urlaub ☐	Krank ☐

Stunden ☐

Überstunden ☐

Gesamtstunden ☐

Meine Woche

Montag:
Arbeitszeit: von   bis

Frühschicht ☐	Spätschicht ☐
Teilschicht ☐	Nachtschicht ☐
Urlaub ☐	Krank ☐

Stunden ☐

Überstunden ☐

Dienstag:
Arbeitszeit: von   bis

Frühschicht ☐	Spätschicht ☐
Teilschicht ☐	Nachtschicht ☐
Urlaub ☐	Krank ☐

Stunden ☐

Überstunden ☐

Mittwoch:
Arbeitszeit: von   bis

Frühschicht ☐	Spätschicht ☐
Teilschicht ☐	Nachtschicht ☐
Urlaub ☐	Krank ☐

Stunden ☐

Überstunden ☐

Donnerstag:
Arbeitszeit: von   bis

Frühschicht ☐	Spätschicht ☐
Teilschicht ☐	Nachtschicht ☐
Urlaub ☐	Krank ☐

Stunden ☐

Überstunden ☐

Freitag:	Arbeitszeit: von	bis
Frühschicht	Spätschicht	
Teilschicht	Nachtschicht	
Urlaub	Krank	

Stunden ▢
Überstunden ▢

Samstag:	Arbeitszeit: von	bis
Frühschicht	Spätschicht	
Teilschicht	Nachtschicht	
Urlaub	Krank	

Stunden ▢
Überstunden ▢

Sonntag:	Arbeitszeit: von	bis
Frühschicht	Spätschicht	
Teilschicht	Nachtschicht	
Urlaub	Krank	

Stunden ▢
Überstunden ▢

Gesamtstunden ▢

Meine Woche

Montag: Arbeitszeit: von ___ bis ___

Frühschicht ☐	Spätschicht ☐
Teilschicht ☐	Nachtschicht ☐
Urlaub ☐	Krank ☐

Stunden ☐
Überstunden ☐

Dienstag: Arbeitszeit: von ___ bis ___

Frühschicht ☐	Spätschicht ☐
Teilschicht ☐	Nachtschicht ☐
Urlaub ☐	Krank ☐

Stunden ☐
Überstunden ☐

Mittwoch: Arbeitszeit: von ___ bis ___

Frühschicht ☐	Spätschicht ☐
Teilschicht ☐	Nachtschicht ☐
Urlaub ☐	Krank ☐

Stunden ☐
Überstunden ☐

Donnerstag: Arbeitszeit: von ___ bis ___

Frühschicht ☐	Spätschicht ☐
Teilschicht ☐	Nachtschicht ☐
Urlaub ☐	Krank ☐

Stunden ☐
Überstunden ☐

Freitag: Arbeitszeit: von ____ bis ____

Frühschicht ☐	Spätschicht ☐	
Teilschicht ☐	Nachtschicht ☐	Stunden ☐
Urlaub ☐	Krank ☐	Überstunden ☐

Samstag: Arbeitszeit: von ____ bis ____

Frühschicht ☐	Spätschicht ☐	
Teilschicht ☐	Nachtschicht ☐	Stunden ☐
Urlaub ☐	Krank ☐	Überstunden ☐

Sonntag: Arbeitszeit: von ____ bis ____

Frühschicht ☐	Spätschicht ☐	
Teilschicht ☐	Nachtschicht ☐	Stunden ☐
Urlaub ☐	Krank ☐	Überstunden ☐

Gesamtstunden ☐

Meine Woche

Montag:　　　　Arbeitszeit: von　　　bis

Frühschicht	Spätschicht
Teilschicht	Nachtschicht
Urlaub	Krank

Stunden ☐

Überstunden ☐

Dienstag:　　　　Arbeitszeit: von　　　bis

Frühschicht	Spätschicht
Teilschicht	Nachtschicht
Urlaub	Krank

Stunden ☐

Überstunden ☐

Mittwoch:　　　　Arbeitszeit: von　　　bis

Frühschicht	Spätschicht
Teilschicht	Nachtschicht
Urlaub	Krank

Stunden ☐

Überstunden ☐

Donnerstag:　　　　Arbeitszeit: von　　　bis

Frühschicht	Spätschicht
Teilschicht	Nachtschicht
Urlaub	Krank

Stunden ☐

Überstunden ☐

Freitag: Arbeitszeit: von _____ bis _____

Frühschicht ☐	Spätschicht ☐
Teilschicht ☐	Nachtschicht ☐
Urlaub ☐	Krank ☐

Stunden ☐
Überstunden ☐

Samstag: Arbeitszeit: von _____ bis _____

Frühschicht ☐	Spätschicht ☐
Teilschicht ☐	Nachtschicht ☐
Urlaub ☐	Krank ☐

Stunden ☐
Überstunden ☐

Sonntag: Arbeitszeit: von _____ bis _____

Frühschicht ☐	Spätschicht ☐
Teilschicht ☐	Nachtschicht ☐
Urlaub ☐	Krank ☐

Stunden ☐
Überstunden ☐

Gesamtstunden ☐

Monatsüberblick

Gesamtstunden	
Überstunden	
Arbeitstage gesamt	
Freie Tage	
Krank Tage	
Urlaubstage	

Wichtige Termine

Monat: _____

Datum:	Termin:

Meine Woche

Montag: Arbeitszeit: von ___ bis ___

Frühschicht ☐	Spätschicht ☐
Teilschicht ☐	Nachtschicht ☐
Urlaub ☐	Krank ☐

Stunden ☐
Überstunden ☐

Dienstag: Arbeitszeit: von ___ bis ___

Frühschicht ☐	Spätschicht ☐
Teilschicht ☐	Nachtschicht ☐
Urlaub ☐	Krank ☐

Stunden ☐
Überstunden ☐

Mittwoch: Arbeitszeit: von ___ bis ___

Frühschicht ☐	Spätschicht ☐
Teilschicht ☐	Nachtschicht ☐
Urlaub ☐	Krank ☐

Stunden ☐
Überstunden ☐

Donnerstag: Arbeitszeit: von ___ bis ___

Frühschicht ☐	Spätschicht ☐
Teilschicht ☐	Nachtschicht ☐
Urlaub ☐	Krank ☐

Stunden ☐
Überstunden ☐

Freitag: Arbeitszeit: von bis

Frühschicht ☐	Spätschicht ☐	
Teilschicht ☐	Nachtschicht ☐	Stunden ☐
Urlaub ☐	Krank ☐	Überstunden ☐

Samstag: Arbeitszeit: von bis

Frühschicht ☐	Spätschicht ☐	
Teilschicht ☐	Nachtschicht ☐	Stunden ☐
Urlaub ☐	Krank ☐	Überstunden ☐

Sonntag: Arbeitszeit: von bis

Frühschicht ☐	Spätschicht ☐	
Teilschicht ☐	Nachtschicht ☐	Stunden ☐
Urlaub ☐	Krank ☐	Überstunden ☐

Gesamtstunden ☐

Meine Woche

Montag:　　Arbeitszeit: von　　bis

Frühschicht	Spätschicht
Teilschicht	Nachtschicht
Urlaub	Krank

Stunden

Überstunden

Dienstag:　　Arbeitszeit: von　　bis

Frühschicht	Spätschicht
Teilschicht	Nachtschicht
Urlaub	Krank

Stunden

Überstunden

Mittwoch:　　Arbeitszeit: von　　bis

Frühschicht	Spätschicht
Teilschicht	Nachtschicht
Urlaub	Krank

Stunden

Überstunden

Donnerstag:　　Arbeitszeit: von　　bis

Frühschicht	Spätschicht
Teilschicht	Nachtschicht
Urlaub	Krank

Stunden

Überstunden

Freitag: Arbeitszeit: von   bis

Frühschicht ☐	Spätschicht ☐
Teilschicht ☐	Nachtschicht ☐
Urlaub ☐	Krank ☐

Stunden ☐
Überstunden ☐

Samstag: Arbeitszeit: von   bis

Frühschicht ☐	Spätschicht ☐
Teilschicht ☐	Nachtschicht ☐
Urlaub ☐	Krank ☐

Stunden ☐
Überstunden ☐

Sonntag: Arbeitszeit: von   bis

Frühschicht ☐	Spätschicht ☐
Teilschicht ☐	Nachtschicht ☐
Urlaub ☐	Krank ☐

Stunden ☐
Überstunden ☐

Gesamtstunden ☐

Meine Woche

Montag: Arbeitszeit: von bis

Frühschicht	Spätschicht
Teilschicht	Nachtschicht
Urlaub	Krank

Stunden
Überstunden

Dienstag: Arbeitszeit: von bis

Frühschicht	Spätschicht
Teilschicht	Nachtschicht
Urlaub	Krank

Stunden
Überstunden

Mittwoch: Arbeitszeit: von bis

Frühschicht	Spätschicht
Teilschicht	Nachtschicht
Urlaub	Krank

Stunden
Überstunden

Donnerstag: Arbeitszeit: von bis

Frühschicht	Spätschicht
Teilschicht	Nachtschicht
Urlaub	Krank

Stunden
Überstunden

Freitag: Arbeitszeit: von   bis

Frühschicht [ ]   Spätschicht [ ]

Teilschicht [ ]   Nachtschicht [ ]

Urlaub [ ]   Krank [ ]

Stunden [ ]

Überstunden [ ]

Samstag: Arbeitszeit: von   bis

Frühschicht [ ]   Spätschicht [ ]

Teilschicht [ ]   Nachtschicht [ ]

Urlaub [ ]   Krank [ ]

Stunden [ ]

Überstunden [ ]

Sonntag: Arbeitszeit: von   bis

Frühschicht [ ]   Spätschicht [ ]

Teilschicht [ ]   Nachtschicht [ ]

Urlaub [ ]   Krank [ ]

Stunden [ ]

Überstunden [ ]

Gesamtstunden [ ]

Meine Woche

Montag: Arbeitszeit: von bis

Frühschicht ☐ Spätschicht ☐

Teilschicht ☐ Nachtschicht ☐

Urlaub ☐ Krank ☐

Stunden ☐

Überstunden ☐

Dienstag: Arbeitszeit: von bis

Frühschicht ☐ Spätschicht ☐

Teilschicht ☐ Nachtschicht ☐

Urlaub ☐ Krank ☐

Stunden ☐

Überstunden ☐

Mittwoch: Arbeitszeit: von bis

Frühschicht ☐ Spätschicht ☐

Teilschicht ☐ Nachtschicht ☐

Urlaub ☐ Krank ☐

Stunden ☐

Überstunden ☐

Donnerstag: Arbeitszeit: von bis

Frühschicht ☐ Spätschicht ☐

Teilschicht ☐ Nachtschicht ☐

Urlaub ☐ Krank ☐

Stunden ☐

Überstunden ☐

Freitag: Arbeitszeit: von   bis

Frühschicht		Spätschicht	
Teilschicht		Nachtschicht	
Urlaub		Krank	

Stunden [ ]
Überstunden [ ]

Samstag: Arbeitszeit: von   bis

Frühschicht		Spätschicht	
Teilschicht		Nachtschicht	
Urlaub		Krank	

Stunden [ ]
Überstunden [ ]

Sonntag: Arbeitszeit: von   bis

Frühschicht		Spätschicht	
Teilschicht		Nachtschicht	
Urlaub		Krank	

Stunden [ ]
Überstunden [ ]

Gesamtstunden [ ]

Meine Woche

Montag: Arbeitszeit: von   bis

Frühschicht	Spätschicht	Stunden
Teilschicht	Nachtschicht	Überstunden
Urlaub	Krank	

Dienstag: Arbeitszeit: von   bis

Frühschicht	Spätschicht	Stunden
Teilschicht	Nachtschicht	Überstunden
Urlaub	Krank	

Mittwoch: Arbeitszeit: von   bis

Frühschicht	Spätschicht	Stunden
Teilschicht	Nachtschicht	Überstunden
Urlaub	Krank	

Donnerstag: Arbeitszeit: von   bis

Frühschicht	Spätschicht	Stunden
Teilschicht	Nachtschicht	Überstunden
Urlaub	Krank	

Freitag: Arbeitszeit: von   bis

Frühschicht		Spätschicht	
Teilschicht		Nachtschicht	
Urlaub		Krank	

Stunden [ ]

Überstunden [ ]

Samstag: Arbeitszeit: von   bis

Frühschicht		Spätschicht	
Teilschicht		Nachtschicht	
Urlaub		Krank	

Stunden [ ]

Überstunden [ ]

Sonntag: Arbeitszeit: von   bis

Frühschicht		Spätschicht	
Teilschicht		Nachtschicht	
Urlaub		Krank	

Stunden [ ]

Überstunden [ ]

Gesamtstunden [ ]

Monatsüberblick

Gesamtstunden	
Überstunden	
Arbeitstage gesamt	
Freie Tage	
Krank Tage	
Urlaubstage	

Wichtige Termine

Monat:

Datum:	Termin:

Meine Woche

Montag: Arbeitszeit: von   bis

Frühschicht	Spätschicht
Teilschicht	Nachtschicht
Urlaub	Krank

Stunden

Überstunden

Dienstag: Arbeitszeit: von   bis

Frühschicht	Spätschicht
Teilschicht	Nachtschicht
Urlaub	Krank

Stunden

Überstunden

Mittwoch: Arbeitszeit: von   bis

Frühschicht	Spätschicht
Teilschicht	Nachtschicht
Urlaub	Krank

Stunden

Überstunden

Donnerstag: Arbeitszeit: von   bis

Frühschicht	Spätschicht
Teilschicht	Nachtschicht
Urlaub	Krank

Stunden

Überstunden

Freitag: Arbeitszeit: von   bis

Frühschicht		Spätschicht	
Teilschicht		Nachtschicht	
Urlaub		Krank	

Stunden ☐

Überstunden ☐

Samstag: Arbeitszeit: von   bis

Frühschicht		Spätschicht	
Teilschicht		Nachtschicht	
Urlaub		Krank	

Stunden ☐

Überstunden ☐

Sonntag: Arbeitszeit: von   bis

Frühschicht		Spätschicht	
Teilschicht		Nachtschicht	
Urlaub		Krank	

Stunden ☐

Überstunden ☐

Gesamtstunden ☐

Meine Woche

Montag: Arbeitszeit: von   bis

Frühschicht ☐	Spätschicht ☐	
Teilschicht ☐	Nachtschicht ☐	Stunden ☐
Urlaub ☐	Krank ☐	Überstunden ☐

Dienstag: Arbeitszeit: von   bis

Frühschicht ☐	Spätschicht ☐	
Teilschicht ☐	Nachtschicht ☐	Stunden ☐
Urlaub ☐	Krank ☐	Überstunden ☐

Mittwoch: Arbeitszeit: von   bis

Frühschicht ☐	Spätschicht ☐	
Teilschicht ☐	Nachtschicht ☐	Stunden ☐
Urlaub ☐	Krank ☐	Überstunden ☐

Donnerstag: Arbeitszeit: von   bis

Frühschicht ☐	Spätschicht ☐	
Teilschicht ☐	Nachtschicht ☐	Stunden ☐
Urlaub ☐	Krank ☐	Überstunden ☐

Freitag: Arbeitszeit: von   bis

Frühschicht		Spätschicht	
Teilschicht		Nachtschicht	
Urlaub		Krank	

Stunden [ ]

Überstunden [ ]

Samstag: Arbeitszeit: von   bis

Frühschicht		Spätschicht	
Teilschicht		Nachtschicht	
Urlaub		Krank	

Stunden [ ]

Überstunden [ ]

Sonntag: Arbeitszeit: von   bis

Frühschicht		Spätschicht	
Teilschicht		Nachtschicht	
Urlaub		Krank	

Stunden [ ]

Überstunden [ ]

Gesamtstunden [ ]

Meine Woche

Montag: Arbeitszeit: von bis

Frühschicht		Spätschicht	
Teilschicht		Nachtschicht	
Urlaub		Krank	

Stunden

Überstunden

Dienstag: Arbeitszeit: von bis

Frühschicht		Spätschicht	
Teilschicht		Nachtschicht	
Urlaub		Krank	

Stunden

Überstunden

Mittwoch: Arbeitszeit: von bis

Frühschicht		Spätschicht	
Teilschicht		Nachtschicht	
Urlaub		Krank	

Stunden

Überstunden

Donnerstag: Arbeitszeit: von bis

Frühschicht		Spätschicht	
Teilschicht		Nachtschicht	
Urlaub		Krank	

Stunden

Überstunden

Freitag: Arbeitszeit: von   bis

Frühschicht		Spätschicht	
Teilschicht		Nachtschicht	
Urlaub		Krank	

Stunden

Überstunden

Samstag: Arbeitszeit: von   bis

Frühschicht		Spätschicht	
Teilschicht		Nachtschicht	
Urlaub		Krank	

Stunden

Überstunden

Sonntag: Arbeitszeit: von   bis

Frühschicht		Spätschicht	
Teilschicht		Nachtschicht	
Urlaub		Krank	

Stunden

Überstunden

Gesamtstunden

Meine Woche

Montag: Arbeitszeit: von   bis

Frühschicht ☐   Spätschicht ☐
Teilschicht ☐   Nachtschicht ☐
Urlaub ☐   Krank ☐

Stunden ☐
Überstunden ☐

Dienstag: Arbeitszeit: von   bis

Frühschicht ☐   Spätschicht ☐
Teilschicht ☐   Nachtschicht ☐
Urlaub ☐   Krank ☐

Stunden ☐
Überstunden ☐

Mittwoch: Arbeitszeit: von   bis

Frühschicht ☐   Spätschicht ☐
Teilschicht ☐   Nachtschicht ☐
Urlaub ☐   Krank ☐

Stunden ☐
Überstunden ☐

Donnerstag: Arbeitszeit: von   bis

Frühschicht ☐   Spätschicht ☐
Teilschicht ☐   Nachtschicht ☐
Urlaub ☐   Krank ☐

Stunden ☐
Überstunden ☐

Freitag: Arbeitszeit: von bis

Frühschicht		Spätschicht	
Teilschicht		Nachtschicht	
Urlaub		Krank	

Stunden

Überstunden

Samstag: Arbeitszeit: von bis

Frühschicht		Spätschicht	
Teilschicht		Nachtschicht	
Urlaub		Krank	

Stunden

Überstunden

Sonntag: Arbeitszeit: von bis

Frühschicht		Spätschicht	
Teilschicht		Nachtschicht	
Urlaub		Krank	

Stunden

Überstunden

Gesamtstunden

Meine Woche

Montag: Arbeitszeit: von   bis

- Frühschicht ☐
- Spätschicht ☐
- Teilschicht ☐
- Nachtschicht ☐
- Urlaub ☐
- Krank ☐

Stunden ☐
Überstunden ☐

Dienstag: Arbeitszeit: von   bis

- Frühschicht ☐
- Spätschicht ☐
- Teilschicht ☐
- Nachtschicht ☐
- Urlaub ☐
- Krank ☐

Stunden ☐
Überstunden ☐

Mittwoch: Arbeitszeit: von   bis

- Frühschicht ☐
- Spätschicht ☐
- Teilschicht ☐
- Nachtschicht ☐
- Urlaub ☐
- Krank ☐

Stunden ☐
Überstunden ☐

Donnerstag: Arbeitszeit: von   bis

- Frühschicht ☐
- Spätschicht ☐
- Teilschicht ☐
- Nachtschicht ☐
- Urlaub ☐
- Krank ☐

Stunden ☐
Überstunden ☐

Freitag:
Arbeitszeit: von   bis

Frühschicht	Spätschicht	
Teilschicht	Nachtschicht	
Urlaub	Krank	

Stunden ▢
Überstunden ▢

Samstag:
Arbeitszeit: von   bis

Frühschicht	Spätschicht	
Teilschicht	Nachtschicht	
Urlaub	Krank	

Stunden ▢
Überstunden ▢

Sonntag:
Arbeitszeit: von   bis

Frühschicht	Spätschicht	
Teilschicht	Nachtschicht	
Urlaub	Krank	

Stunden ▢
Überstunden ▢

Gesamtstunden ▢

Monatsüberblick

Gesamtstunden	
Überstunden	
Arbeitstage gesamt	
Freie Tage	
Krank Tage	
Urlaubstage	

Wichtige Termine

Monat: _____

Datum:	Termin:

Meine Woche

Montag: Arbeitszeit: von   bis

Frühschicht		Spätschicht	
Teilschicht		Nachtschicht	
Urlaub		Krank	

Stunden [ ]

Überstunden [ ]

Dienstag: Arbeitszeit: von   bis

Frühschicht		Spätschicht	
Teilschicht		Nachtschicht	
Urlaub		Krank	

Stunden [ ]

Überstunden [ ]

Mittwoch: Arbeitszeit: von   bis

Frühschicht		Spätschicht	
Teilschicht		Nachtschicht	
Urlaub		Krank	

Stunden [ ]

Überstunden [ ]

Donnerstag: Arbeitszeit: von   bis

Frühschicht		Spätschicht	
Teilschicht		Nachtschicht	
Urlaub		Krank	

Stunden [ ]

Überstunden [ ]

Freitag: Arbeitszeit: von ____ bis ____

Frühschicht ☐	Spätschicht ☐
Teilschicht ☐	Nachtschicht ☐
Urlaub ☐	Krank ☐

Stunden ☐
Überstunden ☐

Samstag: Arbeitszeit: von ____ bis ____

Frühschicht ☐	Spätschicht ☐
Teilschicht ☐	Nachtschicht ☐
Urlaub ☐	Krank ☐

Stunden ☐
Überstunden ☐

Sonntag: Arbeitszeit: von ____ bis ____

Frühschicht ☐	Spätschicht ☐
Teilschicht ☐	Nachtschicht ☐
Urlaub ☐	Krank ☐

Stunden ☐
Überstunden ☐

Gesamtstunden ☐

Meine Woche

Montag: Arbeitszeit: von   bis

- Frühschicht
- Spätschicht
- Teilschicht
- Nachtschicht
- Urlaub
- Krank

Stunden

Überstunden

Dienstag: Arbeitszeit: von   bis

- Frühschicht
- Spätschicht
- Teilschicht
- Nachtschicht
- Urlaub
- Krank

Stunden

Überstunden

Mittwoch: Arbeitszeit: von   bis

- Frühschicht
- Spätschicht
- Teilschicht
- Nachtschicht
- Urlaub
- Krank

Stunden

Überstunden

Donnerstag: Arbeitszeit: von   bis

- Frühschicht
- Spätschicht
- Teilschicht
- Nachtschicht
- Urlaub
- Krank

Stunden

Überstunden

Freitag: Arbeitszeit: von   bis

Frühschicht ☐   Spätschicht ☐

Teilschicht ☐   Nachtschicht ☐

Urlaub ☐   Krank ☐

Stunden ☐

Überstunden ☐

Samstag: Arbeitszeit: von   bis

Frühschicht ☐   Spätschicht ☐

Teilschicht ☐   Nachtschicht ☐

Urlaub ☐   Krank ☐

Stunden ☐

Überstunden ☐

Sonntag: Arbeitszeit: von   bis

Frühschicht ☐   Spätschicht ☐

Teilschicht ☐   Nachtschicht ☐

Urlaub ☐   Krank ☐

Stunden ☐

Überstunden ☐

Gesamtstunden ☐

Meine Woche

Montag: Arbeitszeit: von   bis

Frühschicht ☐   Spätschicht ☐

Teilschicht ☐   Nachtschicht ☐   Stunden ☐

Urlaub ☐   Krank ☐   Überstunden ☐

Dienstag: Arbeitszeit: von   bis

Frühschicht ☐   Spätschicht ☐

Teilschicht ☐   Nachtschicht ☐   Stunden ☐

Urlaub ☐   Krank ☐   Überstunden ☐

Mittwoch: Arbeitszeit: von   bis

Frühschicht ☐   Spätschicht ☐

Teilschicht ☐   Nachtschicht ☐   Stunden ☐

Urlaub ☐   Krank ☐   Überstunden ☐

Donnerstag: Arbeitszeit: von   bis

Frühschicht ☐   Spätschicht ☐

Teilschicht ☐   Nachtschicht ☐   Stunden ☐

Urlaub ☐   Krank ☐   Überstunden ☐

Freitag: Arbeitszeit: von ___ bis ___

Frühschicht		Spätschicht	
Teilschicht		Nachtschicht	
Urlaub		Krank	

Stunden [ ]
Überstunden [ ]

Samstag: Arbeitszeit: von ___ bis ___

Frühschicht		Spätschicht	
Teilschicht		Nachtschicht	
Urlaub		Krank	

Stunden [ ]
Überstunden [ ]

Sonntag: Arbeitszeit: von ___ bis ___

Frühschicht		Spätschicht	
Teilschicht		Nachtschicht	
Urlaub		Krank	

Stunden [ ]
Überstunden [ ]

Gesamtstunden [ ]

Meine Woche

Montag: Arbeitszeit: von   bis

Frühschicht	Spätschicht	
Teilschicht	Nachtschicht	
Urlaub	Krank	

Stunden

Überstunden

Dienstag: Arbeitszeit: von   bis

Frühschicht	Spätschicht	
Teilschicht	Nachtschicht	
Urlaub	Krank	

Stunden

Überstunden

Mittwoch: Arbeitszeit: von   bis

Frühschicht	Spätschicht	
Teilschicht	Nachtschicht	
Urlaub	Krank	

Stunden

Überstunden

Donnerstag: Arbeitszeit: von   bis

Frühschicht	Spätschicht	
Teilschicht	Nachtschicht	
Urlaub	Krank	

Stunden

Überstunden

Freitag: Arbeitszeit: von   bis

Frühschicht ☐	Spätschicht ☐	
Teilschicht ☐	Nachtschicht ☐	Stunden ☐
Urlaub ☐	Krank ☐	Überstunden ☐

Samstag: Arbeitszeit: von   bis

Frühschicht ☐	Spätschicht ☐	
Teilschicht ☐	Nachtschicht ☐	Stunden ☐
Urlaub ☐	Krank ☐	Überstunden ☐

Sonntag: Arbeitszeit: von   bis

Frühschicht ☐	Spätschicht ☐	
Teilschicht ☐	Nachtschicht ☐	Stunden ☐
Urlaub ☐	Krank ☐	Überstunden ☐

Gesamtstunden ☐

Meine Woche

Montag: Arbeitszeit: von ___ bis ___

Frühschicht ☐	Spätschicht ☐
Teilschicht ☐	Nachtschicht ☐
Urlaub ☐	Krank ☐

Stunden ☐
Überstunden ☐

Dienstag: Arbeitszeit: von ___ bis ___

Frühschicht ☐	Spätschicht ☐
Teilschicht ☐	Nachtschicht ☐
Urlaub ☐	Krank ☐

Stunden ☐
Überstunden ☐

Mittwoch: Arbeitszeit: von ___ bis ___

Frühschicht ☐	Spätschicht ☐
Teilschicht ☐	Nachtschicht ☐
Urlaub ☐	Krank ☐

Stunden ☐
Überstunden ☐

Donnerstag: Arbeitszeit: von ___ bis ___

Frühschicht ☐	Spätschicht ☐
Teilschicht ☐	Nachtschicht ☐
Urlaub ☐	Krank ☐

Stunden ☐
Überstunden ☐

Freitag: Arbeitszeit: von _____ bis _____

Frühschicht ☐	Spätschicht ☐	
Teilschicht ☐	Nachtschicht ☐	Stunden ☐
Urlaub ☐	Krank ☐	Überstunden ☐

Samstag: Arbeitszeit: von _____ bis _____

Frühschicht ☐	Spätschicht ☐	
Teilschicht ☐	Nachtschicht ☐	Stunden ☐
Urlaub ☐	Krank ☐	Überstunden ☐

Sonntag: Arbeitszeit: von _____ bis _____

Frühschicht ☐	Spätschicht ☐	
Teilschicht ☐	Nachtschicht ☐	Stunden ☐
Urlaub ☐	Krank ☐	Überstunden ☐

Gesamtstunden ☐

Monatsüberblick

Gesamtstunden	
Überstunden	
Arbeitstage gesamt	
Freie Tage	
Krank Tage	
Urlaubstage	

Wichtige Termine

Monat: _____

Datum:	Termin:

Meine Woche

Montag: Arbeitszeit: von   bis

Frühschicht ☐	Spätschicht ☐
Teilschicht ☐	Nachtschicht ☐
Urlaub ☐	Krank ☐

Stunden ☐
Überstunden ☐

Dienstag: Arbeitszeit: von   bis

Frühschicht ☐	Spätschicht ☐
Teilschicht ☐	Nachtschicht ☐
Urlaub ☐	Krank ☐

Stunden ☐
Überstunden ☐

Mittwoch: Arbeitszeit: von   bis

Frühschicht ☐	Spätschicht ☐
Teilschicht ☐	Nachtschicht ☐
Urlaub ☐	Krank ☐

Stunden ☐
Überstunden ☐

Donnerstag: Arbeitszeit: von   bis

Frühschicht ☐	Spätschicht ☐
Teilschicht ☐	Nachtschicht ☐
Urlaub ☐	Krank ☐

Stunden ☐
Überstunden ☐

Freitag: Arbeitszeit: von   bis

Frühschicht ☐   Spätschicht ☐

Teilschicht ☐   Nachtschicht ☐

Urlaub ☐   Krank ☐

Stunden ☐

Überstunden ☐

Samstag: Arbeitszeit: von   bis

Frühschicht ☐   Spätschicht ☐

Teilschicht ☐   Nachtschicht ☐

Urlaub ☐   Krank ☐

Stunden ☐

Überstunden ☐

Sonntag: Arbeitszeit: von   bis

Frühschicht ☐   Spätschicht ☐

Teilschicht ☐   Nachtschicht ☐

Urlaub ☐   Krank ☐

Stunden ☐

Überstunden ☐

Gesamtstunden ☐

Meine Woche

Montag: Arbeitszeit: von   bis

Frühschicht ☐	Spätschicht ☐	
Teilschicht ☐	Nachtschicht ☐	Stunden ☐
Urlaub ☐	Krank ☐	Überstunden ☐

Dienstag: Arbeitszeit: von   bis

Frühschicht ☐	Spätschicht ☐	
Teilschicht ☐	Nachtschicht ☐	Stunden ☐
Urlaub ☐	Krank ☐	Überstunden ☐

Mittwoch: Arbeitszeit: von   bis

Frühschicht ☐	Spätschicht ☐	
Teilschicht ☐	Nachtschicht ☐	Stunden ☐
Urlaub ☐	Krank ☐	Überstunden ☐

Donnerstag: Arbeitszeit: von   bis

Frühschicht ☐	Spätschicht ☐	
Teilschicht ☐	Nachtschicht ☐	Stunden ☐
Urlaub ☐	Krank ☐	Überstunden ☐

Freitag:	Arbeitszeit: von	bis

Frühschicht ☐   Spätschicht ☐

Teilschicht ☐   Nachtschicht ☐

Urlaub ☐   Krank ☐

Stunden ☐

Überstunden ☐

Samstag:	Arbeitszeit: von	bis

Frühschicht ☐   Spätschicht ☐

Teilschicht ☐   Nachtschicht ☐

Urlaub ☐   Krank ☐

Stunden ☐

Überstunden ☐

Sonntag:	Arbeitszeit: von	bis

Frühschicht ☐   Spätschicht ☐

Teilschicht ☐   Nachtschicht ☐

Urlaub ☐   Krank ☐

Stunden ☐

Überstunden ☐

Gesamtstunden ☐

Meine Woche

Montag: Arbeitszeit: von   bis

Frühschicht		Spätschicht	
Teilschicht		Nachtschicht	
Urlaub		Krank	

Stunden

Überstunden

Dienstag: Arbeitszeit: von   bis

Frühschicht		Spätschicht	
Teilschicht		Nachtschicht	
Urlaub		Krank	

Stunden

Überstunden

Mittwoch: Arbeitszeit: von   bis

Frühschicht		Spätschicht	
Teilschicht		Nachtschicht	
Urlaub		Krank	

Stunden

Überstunden

Donnerstag: Arbeitszeit: von   bis

Frühschicht		Spätschicht	
Teilschicht		Nachtschicht	
Urlaub		Krank	

Stunden

Überstunden

Freitag: Arbeitszeit: von   bis

Frühschicht ☐	Spätschicht ☐
Teilschicht ☐	Nachtschicht ☐
Urlaub ☐	Krank ☐

Stunden ☐
Überstunden ☐

Samstag: Arbeitszeit: von   bis

Frühschicht ☐	Spätschicht ☐
Teilschicht ☐	Nachtschicht ☐
Urlaub ☐	Krank ☐

Stunden ☐
Überstunden ☐

Sonntag: Arbeitszeit: von   bis

Frühschicht ☐	Spätschicht ☐
Teilschicht ☐	Nachtschicht ☐
Urlaub ☐	Krank ☐

Stunden ☐
Überstunden ☐

Gesamtstunden ☐

Meine Woche

Montag:　　　　Arbeitszeit: von　　bis

Frühschicht ☐	Spätschicht ☐
Teilschicht ☐	Nachtschicht ☐
Urlaub ☐	Krank ☐

Stunden ☐
Überstunden ☐

Dienstag:　　　　Arbeitszeit: von　　bis

Frühschicht ☐	Spätschicht ☐
Teilschicht ☐	Nachtschicht ☐
Urlaub ☐	Krank ☐

Stunden ☐
Überstunden ☐

Mittwoch:　　　　Arbeitszeit: von　　bis

Frühschicht ☐	Spätschicht ☐
Teilschicht ☐	Nachtschicht ☐
Urlaub ☐	Krank ☐

Stunden ☐
Überstunden ☐

Donnerstag:　　　　Arbeitszeit: von　　bis

Frühschicht ☐	Spätschicht ☐
Teilschicht ☐	Nachtschicht ☐
Urlaub ☐	Krank ☐

Stunden ☐
Überstunden ☐

Freitag:　　　Arbeitszeit: von　　　bis

Frühschicht		Spätschicht	
Teilschicht		Nachtschicht	
Urlaub		Krank	

Stunden ☐
Überstunden ☐

Samstag:　　　Arbeitszeit: von　　　bis

Frühschicht		Spätschicht	
Teilschicht		Nachtschicht	
Urlaub		Krank	

Stunden ☐
Überstunden ☐

Sonntag:　　　Arbeitszeit: von　　　bis

Frühschicht		Spätschicht	
Teilschicht		Nachtschicht	
Urlaub		Krank	

Stunden ☐
Überstunden ☐

Gesamtstunden ☐

Meine Woche

Montag: Arbeitszeit: von ____ bis ____

Frühschicht ☐	Spätschicht ☐
Teilschicht ☐	Nachtschicht ☐
Urlaub ☐	Krank ☐

Stunden ☐
Überstunden ☐

Dienstag: Arbeitszeit: von ____ bis ____

Frühschicht ☐	Spätschicht ☐
Teilschicht ☐	Nachtschicht ☐
Urlaub ☐	Krank ☐

Stunden ☐
Überstunden ☐

Mittwoch: Arbeitszeit: von ____ bis ____

Frühschicht ☐	Spätschicht ☐
Teilschicht ☐	Nachtschicht ☐
Urlaub ☐	Krank ☐

Stunden ☐
Überstunden ☐

Donnerstag: Arbeitszeit: von ____ bis ____

Frühschicht ☐	Spätschicht ☐
Teilschicht ☐	Nachtschicht ☐
Urlaub ☐	Krank ☐

Stunden ☐
Überstunden ☐

Freitag: Arbeitszeit: von   bis

Frühschicht	Spätschicht	Stunden
Teilschicht	Nachtschicht	Überstunden
Urlaub	Krank	

Samstag: Arbeitszeit: von   bis

Frühschicht	Spätschicht	Stunden
Teilschicht	Nachtschicht	Überstunden
Urlaub	Krank	

Sonntag: Arbeitszeit: von   bis

Frühschicht	Spätschicht	Stunden
Teilschicht	Nachtschicht	Überstunden
Urlaub	Krank	

Gesamtstunden

Monatsüberblick

Gesamtstunden	
Überstunden	
Arbeitstage gesamt	
Freie Tage	
Krank Tage	
Urlaubstage	

Wichtige Termine

Monat: _____

Datum:	Termin:

Meine Woche

Montag: Arbeitszeit: von   bis

Frühschicht ☐	Spätschicht ☐	
Teilschicht ☐	Nachtschicht ☐	Stunden ☐
Urlaub ☐	Krank ☐	Überstunden ☐

Dienstag: Arbeitszeit: von   bis

Frühschicht ☐	Spätschicht ☐	
Teilschicht ☐	Nachtschicht ☐	Stunden ☐
Urlaub ☐	Krank ☐	Überstunden ☐

Mittwoch: Arbeitszeit: von   bis

Frühschicht ☐	Spätschicht ☐	
Teilschicht ☐	Nachtschicht ☐	Stunden ☐
Urlaub ☐	Krank ☐	Überstunden ☐

Donnerstag: Arbeitszeit: von   bis

Frühschicht ☐	Spätschicht ☐	
Teilschicht ☐	Nachtschicht ☐	Stunden ☐
Urlaub ☐	Krank ☐	Überstunden ☐

Freitag:　　　　　Arbeitszeit: von　　　　bis

Frühschicht ☐	Spätschicht ☐	
Teilschicht ☐	Nachtschicht ☐	Stunden ☐
Urlaub ☐	Krank ☐	Überstunden ☐

Samstag:　　　　　Arbeitszeit: von　　　　bis

Frühschicht ☐	Spätschicht ☐	
Teilschicht ☐	Nachtschicht ☐	Stunden ☐
Urlaub ☐	Krank ☐	Überstunden ☐

Sonntag:　　　　　Arbeitszeit: von　　　　bis

Frühschicht ☐	Spätschicht ☐	
Teilschicht ☐	Nachtschicht ☐	Stunden ☐
Urlaub ☐	Krank ☐	Überstunden ☐

Gesamtstunden ☐

Meine Woche

Montag:　　　　　Arbeitszeit: von　　　　bis

Frühschicht ☐	Spätschicht ☐
Teilschicht ☐	Nachtschicht ☐
Urlaub ☐	Krank ☐

Stunden ☐
Überstunden ☐

Dienstag:　　　　　Arbeitszeit: von　　　　bis

Frühschicht ☐	Spätschicht ☐
Teilschicht ☐	Nachtschicht ☐
Urlaub ☐	Krank ☐

Stunden ☐
Überstunden ☐

Mittwoch:　　　　　Arbeitszeit: von　　　　bis

Frühschicht ☐	Spätschicht ☐
Teilschicht ☐	Nachtschicht ☐
Urlaub ☐	Krank ☐

Stunden ☐
Überstunden ☐

Donnerstag:　　　　　Arbeitszeit: von　　　　bis

Frühschicht ☐	Spätschicht ☐
Teilschicht ☐	Nachtschicht ☐
Urlaub ☐	Krank ☐

Stunden ☐
Überstunden ☐

Freitag: Arbeitszeit: von   bis

Frühschicht	Spätschicht
Teilschicht	Nachtschicht
Urlaub	Krank

Stunden ☐

Überstunden ☐

Samstag: Arbeitszeit: von   bis

Frühschicht	Spätschicht
Teilschicht	Nachtschicht
Urlaub	Krank

Stunden ☐

Überstunden ☐

Sonntag: Arbeitszeit: von   bis

Frühschicht	Spätschicht
Teilschicht	Nachtschicht
Urlaub	Krank

Stunden ☐

Überstunden ☐

Gesamtstunden ☐

Meine Woche

Montag: Arbeitszeit: von   bis

Frühschicht ☐	Spätschicht ☐
Teilschicht ☐	Nachtschicht ☐
Urlaub ☐	Krank ☐

Stunden ☐
Überstunden ☐

Dienstag: Arbeitszeit: von   bis

Frühschicht ☐	Spätschicht ☐
Teilschicht ☐	Nachtschicht ☐
Urlaub ☐	Krank ☐

Stunden ☐
Überstunden ☐

Mittwoch: Arbeitszeit: von   bis

Frühschicht ☐	Spätschicht ☐
Teilschicht ☐	Nachtschicht ☐
Urlaub ☐	Krank ☐

Stunden ☐
Überstunden ☐

Donnerstag: Arbeitszeit: von   bis

Frühschicht ☐	Spätschicht ☐
Teilschicht ☐	Nachtschicht ☐
Urlaub ☐	Krank ☐

Stunden ☐
Überstunden ☐

Freitag:	Arbeitszeit: von	bis

Frühschicht		Spätschicht	
Teilschicht		Nachtschicht	
Urlaub		Krank	

Stunden ☐

Überstunden ☐

Samstag:	Arbeitszeit: von	bis

Frühschicht		Spätschicht	
Teilschicht		Nachtschicht	
Urlaub		Krank	

Stunden ☐

Überstunden ☐

Sonntag:	Arbeitszeit: von	bis

Frühschicht		Spätschicht	
Teilschicht		Nachtschicht	
Urlaub		Krank	

Stunden ☐

Überstunden ☐

Gesamtstunden ☐

Meine Woche

Montag: Arbeitszeit: von   bis

Frühschicht ☐   Spätschicht ☐

Teilschicht ☐   Nachtschicht ☐

Urlaub ☐   Krank ☐

Stunden ☐

Überstunden ☐

Dienstag: Arbeitszeit: von   bis

Frühschicht ☐   Spätschicht ☐

Teilschicht ☐   Nachtschicht ☐

Urlaub ☐   Krank ☐

Stunden ☐

Überstunden ☐

Mittwoch: Arbeitszeit: von   bis

Frühschicht ☐   Spätschicht ☐

Teilschicht ☐   Nachtschicht ☐

Urlaub ☐   Krank ☐

Stunden ☐

Überstunden ☐

Donnerstag: Arbeitszeit: von   bis

Frühschicht ☐   Spätschicht ☐

Teilschicht ☐   Nachtschicht ☐

Urlaub ☐   Krank ☐

Stunden ☐

Überstunden ☐

Freitag: Arbeitszeit: von   bis

Frühschicht		Spätschicht	
Teilschicht		Nachtschicht	
Urlaub		Krank	

Stunden [ ]
Überstunden [ ]

Samstag: Arbeitszeit: von   bis

Frühschicht		Spätschicht	
Teilschicht		Nachtschicht	
Urlaub		Krank	

Stunden [ ]
Überstunden [ ]

Sonntag: Arbeitszeit: von   bis

Frühschicht		Spätschicht	
Teilschicht		Nachtschicht	
Urlaub		Krank	

Stunden [ ]
Überstunden [ ]

Gesamtstunden [ ]

Meine Woche

Montag: Arbeitszeit: von   bis

Frühschicht ☐	Spätschicht ☐	Stunden ☐
Teilschicht ☐	Nachtschicht ☐	Überstunden ☐
Urlaub ☐	Krank ☐	

Dienstag: Arbeitszeit: von   bis

Frühschicht ☐	Spätschicht ☐	Stunden ☐
Teilschicht ☐	Nachtschicht ☐	Überstunden ☐
Urlaub ☐	Krank ☐	

Mittwoch: Arbeitszeit: von   bis

Frühschicht ☐	Spätschicht ☐	Stunden ☐
Teilschicht ☐	Nachtschicht ☐	Überstunden ☐
Urlaub ☐	Krank ☐	

Donnerstag: Arbeitszeit: von   bis

Frühschicht ☐	Spätschicht ☐	Stunden ☐
Teilschicht ☐	Nachtschicht ☐	Überstunden ☐
Urlaub ☐	Krank ☐	

Freitag: Arbeitszeit: von   bis

Frühschicht ☐   Spätschicht ☐

Teilschicht ☐   Nachtschicht ☐

Urlaub ☐   Krank ☐

Stunden ☐

Überstunden ☐

Samstag: Arbeitszeit: von   bis

Frühschicht ☐   Spätschicht ☐

Teilschicht ☐   Nachtschicht ☐

Urlaub ☐   Krank ☐

Stunden ☐

Überstunden ☐

Sonntag: Arbeitszeit: von   bis

Frühschicht ☐   Spätschicht ☐

Teilschicht ☐   Nachtschicht ☐

Urlaub ☐   Krank ☐

Stunden ☐

Überstunden ☐

Gesamtstunden ☐

Monatsüberblick

Gesamtstunden	

Überstunden	

Arbeitstage gesamt	

Freie Tage	

Krank Tage	

Urlaubstage	

Wichtige Termine

Monat: ....

Datum:	Termin:

Meine Woche

Montag: Arbeitszeit: von   bis

Frühschicht	Spätschicht	
Teilschicht	Nachtschicht	Stunden
Urlaub	Krank	Überstunden

Dienstag: Arbeitszeit: von   bis

Frühschicht	Spätschicht	
Teilschicht	Nachtschicht	Stunden
Urlaub	Krank	Überstunden

Mittwoch: Arbeitszeit: von   bis

Frühschicht	Spätschicht	
Teilschicht	Nachtschicht	Stunden
Urlaub	Krank	Überstunden

Donnerstag: Arbeitszeit: von   bis

Frühschicht	Spätschicht	
Teilschicht	Nachtschicht	Stunden
Urlaub	Krank	Überstunden

Freitag: Arbeitszeit: von   bis

Frühschicht ☐	Spätschicht ☐
Teilschicht ☐	Nachtschicht ☐
Urlaub ☐	Krank ☐

Stunden ☐
Überstunden ☐

Samstag: Arbeitszeit: von   bis

Frühschicht ☐	Spätschicht ☐
Teilschicht ☐	Nachtschicht ☐
Urlaub ☐	Krank ☐

Stunden ☐
Überstunden ☐

Sonntag: Arbeitszeit: von   bis

Frühschicht ☐	Spätschicht ☐
Teilschicht ☐	Nachtschicht ☐
Urlaub ☐	Krank ☐

Stunden ☐
Überstunden ☐

Gesamtstunden ☐

Meine Woche

Montag: Arbeitszeit: von   bis

Frühschicht ☐	Spätschicht ☐
Teilschicht ☐	Nachtschicht ☐
Urlaub ☐	Krank ☐

Stunden ☐
Überstunden ☐

Dienstag: Arbeitszeit: von   bis

Frühschicht ☐	Spätschicht ☐
Teilschicht ☐	Nachtschicht ☐
Urlaub ☐	Krank ☐

Stunden ☐
Überstunden ☐

Mittwoch: Arbeitszeit: von   bis

Frühschicht ☐	Spätschicht ☐
Teilschicht ☐	Nachtschicht ☐
Urlaub ☐	Krank ☐

Stunden ☐
Überstunden ☐

Donnerstag: Arbeitszeit: von   bis

Frühschicht ☐	Spätschicht ☐
Teilschicht ☐	Nachtschicht ☐
Urlaub ☐	Krank ☐

Stunden ☐
Überstunden ☐

Freitag: Arbeitszeit: von ___ bis ___

Frühschicht ☐	Spätschicht ☐	Stunden ☐
Teilschicht ☐	Nachtschicht ☐	Überstunden ☐
Urlaub ☐	Krank ☐	

Samstag: Arbeitszeit: von ___ bis ___

Frühschicht ☐	Spätschicht ☐	Stunden ☐
Teilschicht ☐	Nachtschicht ☐	Überstunden ☐
Urlaub ☐	Krank ☐	

Sonntag: Arbeitszeit: von ___ bis ___

Frühschicht ☐	Spätschicht ☐	Stunden ☐
Teilschicht ☐	Nachtschicht ☐	Überstunden ☐
Urlaub ☐	Krank ☐	

Gesamtstunden ☐

Meine Woche

Montag: Arbeitszeit: von   bis

Frühschicht ☐   Spätschicht ☐

Teilschicht ☐   Nachtschicht ☐

Urlaub ☐   Krank ☐

Stunden ☐

Überstunden ☐

Dienstag: Arbeitszeit: von   bis

Frühschicht ☐   Spätschicht ☐

Teilschicht ☐   Nachtschicht ☐

Urlaub ☐   Krank ☐

Stunden ☐

Überstunden ☐

Mittwoch: Arbeitszeit: von   bis

Frühschicht ☐   Spätschicht ☐

Teilschicht ☐   Nachtschicht ☐

Urlaub ☐   Krank ☐

Stunden ☐

Überstunden ☐

Donnerstag: Arbeitszeit: von   bis

Frühschicht ☐   Spätschicht ☐

Teilschicht ☐   Nachtschicht ☐

Urlaub ☐   Krank ☐

Stunden ☐

Überstunden ☐

Freitag: Arbeitszeit: von   bis

Frühschicht		Spätschicht	
Teilschicht		Nachtschicht	
Urlaub		Krank	

Stunden ☐
Überstunden ☐

Samstag: Arbeitszeit: von   bis

Frühschicht		Spätschicht	
Teilschicht		Nachtschicht	
Urlaub		Krank	

Stunden ☐
Überstunden ☐

Sonntag: Arbeitszeit: von   bis

Frühschicht		Spätschicht	
Teilschicht		Nachtschicht	
Urlaub		Krank	

Stunden ☐
Überstunden ☐

Gesamtstunden ☐

Meine Woche

Montag: Arbeitszeit: von   bis

Frühschicht ☐	Spätschicht ☐
Teilschicht ☐	Nachtschicht ☐
Urlaub ☐	Krank ☐

Stunden ☐
Überstunden ☐

Dienstag: Arbeitszeit: von   bis

Frühschicht ☐	Spätschicht ☐
Teilschicht ☐	Nachtschicht ☐
Urlaub ☐	Krank ☐

Stunden ☐
Überstunden ☐

Mittwoch: Arbeitszeit: von   bis

Frühschicht ☐	Spätschicht ☐
Teilschicht ☐	Nachtschicht ☐
Urlaub ☐	Krank ☐

Stunden ☐
Überstunden ☐

Donnerstag: Arbeitszeit: von   bis

Frühschicht ☐	Spätschicht ☐
Teilschicht ☐	Nachtschicht ☐
Urlaub ☐	Krank ☐

Stunden ☐
Überstunden ☐

Freitag:	Arbeitszeit: von	bis

Frühschicht ☐ Spätschicht ☐

Teilschicht ☐ Nachtschicht ☐

Urlaub ☐ Krank ☐

Stunden ☐

Überstunden ☐

Samstag:	Arbeitszeit: von	bis

Frühschicht ☐ Spätschicht ☐

Teilschicht ☐ Nachtschicht ☐

Urlaub ☐ Krank ☐

Stunden ☐

Überstunden ☐

Sonntag:	Arbeitszeit: von	bis

Frühschicht ☐ Spätschicht ☐

Teilschicht ☐ Nachtschicht ☐

Urlaub ☐ Krank ☐

Stunden ☐

Überstunden ☐

Gesamtstunden ☐

Meine Woche

Montag: Arbeitszeit: von   bis

Frühschicht	Spätschicht	
Teilschicht	Nachtschicht	Stunden
Urlaub	Krank	Überstunden

Dienstag: Arbeitszeit: von   bis

Frühschicht	Spätschicht	
Teilschicht	Nachtschicht	Stunden
Urlaub	Krank	Überstunden

Mittwoch: Arbeitszeit: von   bis

Frühschicht	Spätschicht	
Teilschicht	Nachtschicht	Stunden
Urlaub	Krank	Überstunden

Donnerstag: Arbeitszeit: von   bis

Frühschicht	Spätschicht	
Teilschicht	Nachtschicht	Stunden
Urlaub	Krank	Überstunden

Freitag:
Arbeitszeit: von   bis

Frühschicht ☐	Spätschicht ☐
Teilschicht ☐	Nachtschicht ☐
Urlaub ☐	Krank ☐

Stunden ☐
Überstunden ☐

Samstag:
Arbeitszeit: von   bis

Frühschicht ☐	Spätschicht ☐
Teilschicht ☐	Nachtschicht ☐
Urlaub ☐	Krank ☐

Stunden ☐
Überstunden ☐

Sonntag:
Arbeitszeit: von   bis

Frühschicht ☐	Spätschicht ☐
Teilschicht ☐	Nachtschicht ☐
Urlaub ☐	Krank ☐

Stunden ☐
Überstunden ☐

Gesamtstunden ☐

Monatsüberblick

Gesamtstunden	
Überstunden	
Arbeitstage gesamt	
Freie Tage	
Krank Tage	
Urlaubstage	

Wichtige Termine

Monat: _____

Datum:	Termin:

Meine Woche

Montag: Arbeitszeit: von   bis

Frühschicht	Spätschicht
Teilschicht	Nachtschicht
Urlaub	Krank

Stunden ☐

Überstunden ☐

Dienstag: Arbeitszeit: von   bis

Frühschicht	Spätschicht
Teilschicht	Nachtschicht
Urlaub	Krank

Stunden ☐

Überstunden ☐

Mittwoch: Arbeitszeit: von   bis

Frühschicht	Spätschicht
Teilschicht	Nachtschicht
Urlaub	Krank

Stunden ☐

Überstunden ☐

Donnerstag: Arbeitszeit: von   bis

Frühschicht	Spätschicht
Teilschicht	Nachtschicht
Urlaub	Krank

Stunden ☐

Überstunden ☐

Freitag:	Arbeitszeit: von	bis

Frühschicht ☐	Spätschicht ☐	Stunden ☐
Teilschicht ☐	Nachtschicht ☐	Überstunden ☐
Urlaub ☐	Krank ☐	

Samstag:	Arbeitszeit: von	bis

Frühschicht ☐	Spätschicht ☐	Stunden ☐
Teilschicht ☐	Nachtschicht ☐	Überstunden ☐
Urlaub ☐	Krank ☐	

Sonntag:	Arbeitszeit: von	bis

Frühschicht ☐	Spätschicht ☐	Stunden ☐
Teilschicht ☐	Nachtschicht ☐	Überstunden ☐
Urlaub ☐	Krank ☐	

Gesamtstunden ☐

Meine Woche

Montag: Arbeitszeit: von   bis

Frühschicht		Spätschicht	
Teilschicht		Nachtschicht	
Urlaub		Krank	

Stunden
Überstunden

Dienstag: Arbeitszeit: von   bis

Frühschicht		Spätschicht	
Teilschicht		Nachtschicht	
Urlaub		Krank	

Stunden
Überstunden

Mittwoch: Arbeitszeit: von   bis

Frühschicht		Spätschicht	
Teilschicht		Nachtschicht	
Urlaub		Krank	

Stunden
Überstunden

Donnerstag: Arbeitszeit: von   bis

Frühschicht		Spätschicht	
Teilschicht		Nachtschicht	
Urlaub		Krank	

Stunden
Überstunden

Freitag: Arbeitszeit: von   bis

Frühschicht	Spätschicht
Teilschicht	Nachtschicht
Urlaub	Krank

Stunden

Überstunden

Samstag: Arbeitszeit: von   bis

Frühschicht	Spätschicht
Teilschicht	Nachtschicht
Urlaub	Krank

Stunden

Überstunden

Sonntag: Arbeitszeit: von   bis

Frühschicht	Spätschicht
Teilschicht	Nachtschicht
Urlaub	Krank

Stunden

Überstunden

Gesamtstunden

Meine Woche

Montag: Arbeitszeit: von   bis

Frühschicht ☐	Spätschicht ☐	
Teilschicht ☐	Nachtschicht ☐	Stunden ☐
Urlaub ☐	Krank ☐	Überstunden ☐

Dienstag: Arbeitszeit: von   bis

Frühschicht ☐	Spätschicht ☐	
Teilschicht ☐	Nachtschicht ☐	Stunden ☐
Urlaub ☐	Krank ☐	Überstunden ☐

Mittwoch: Arbeitszeit: von   bis

Frühschicht ☐	Spätschicht ☐	
Teilschicht ☐	Nachtschicht ☐	Stunden ☐
Urlaub ☐	Krank ☐	Überstunden ☐

Donnerstag: Arbeitszeit: von   bis

Frühschicht ☐	Spätschicht ☐	
Teilschicht ☐	Nachtschicht ☐	Stunden ☐
Urlaub ☐	Krank ☐	Überstunden ☐

Freitag: Arbeitszeit: von   bis

Frühschicht	Spätschicht	Stunden
Teilschicht	Nachtschicht	Überstunden
Urlaub	Krank	

Samstag: Arbeitszeit: von   bis

Frühschicht	Spätschicht	Stunden
Teilschicht	Nachtschicht	Überstunden
Urlaub	Krank	

Sonntag: Arbeitszeit: von   bis

Frühschicht	Spätschicht	Stunden
Teilschicht	Nachtschicht	Überstunden
Urlaub	Krank	

Gesamtstunden

Meine Woche

Montag: Arbeitszeit: von   bis

Frühschicht	Spätschicht	
Teilschicht	Nachtschicht	
Urlaub	Krank	

Stunden ☐
Überstunden ☐

Dienstag: Arbeitszeit: von   bis

Frühschicht	Spätschicht	
Teilschicht	Nachtschicht	
Urlaub	Krank	

Stunden ☐
Überstunden ☐

Mittwoch: Arbeitszeit: von   bis

Frühschicht	Spätschicht	
Teilschicht	Nachtschicht	
Urlaub	Krank	

Stunden ☐
Überstunden ☐

Donnerstag: Arbeitszeit: von   bis

Frühschicht	Spätschicht	
Teilschicht	Nachtschicht	
Urlaub	Krank	

Stunden ☐
Überstunden ☐

Freitag: Arbeitszeit: von   bis

Frühschicht	Spätschicht
Teilschicht	Nachtschicht
Urlaub	Krank

Stunden ☐

Überstunden ☐

Samstag: Arbeitszeit: von   bis

Frühschicht	Spätschicht
Teilschicht	Nachtschicht
Urlaub	Krank

Stunden ☐

Überstunden ☐

Sonntag: Arbeitszeit: von   bis

Frühschicht	Spätschicht
Teilschicht	Nachtschicht
Urlaub	Krank

Stunden ☐

Überstunden ☐

Gesamtstunden ☐

Meine Woche

Montag: Arbeitszeit: von   bis

Frühschicht	Spätschicht	Stunden
Teilschicht	Nachtschicht	Überstunden
Urlaub	Krank	

Dienstag: Arbeitszeit: von   bis

Frühschicht	Spätschicht	Stunden
Teilschicht	Nachtschicht	Überstunden
Urlaub	Krank	

Mittwoch: Arbeitszeit: von   bis

Frühschicht	Spätschicht	Stunden
Teilschicht	Nachtschicht	Überstunden
Urlaub	Krank	

Donnerstag: Arbeitszeit: von   bis

Frühschicht	Spätschicht	Stunden
Teilschicht	Nachtschicht	Überstunden
Urlaub	Krank	

Freitag:	Arbeitszeit: von	bis

Frühschicht	Spätschicht	Stunden
Teilschicht	Nachtschicht	Überstunden
Urlaub	Krank	

Samstag:	Arbeitszeit: von	bis

Frühschicht	Spätschicht	Stunden
Teilschicht	Nachtschicht	Überstunden
Urlaub	Krank	

Sonntag:	Arbeitszeit: von	bis

Frühschicht	Spätschicht	Stunden
Teilschicht	Nachtschicht	Überstunden
Urlaub	Krank	

Gesamtstunden

Monatsüberblick

Gesamtstunden	

Überstunden	

Arbeitstage gesamt	

Freie Tage	

Krank Tage	

Urlaubstage	

Wichtige Termine

Monat: _____

Datum:	Termin:

Meine Woche

Montag: Arbeitszeit: von   bis
- Frühschicht ☐   Spätschicht ☐
- Teilschicht ☐   Nachtschicht ☐
- Urlaub ☐   Krank ☐

Stunden ☐
Überstunden ☐

Dienstag: Arbeitszeit: von   bis
- Frühschicht ☐   Spätschicht ☐
- Teilschicht ☐   Nachtschicht ☐
- Urlaub ☐   Krank ☐

Stunden ☐
Überstunden ☐

Mittwoch: Arbeitszeit: von   bis
- Frühschicht ☐   Spätschicht ☐
- Teilschicht ☐   Nachtschicht ☐
- Urlaub ☐   Krank ☐

Stunden ☐
Überstunden ☐

Donnerstag: Arbeitszeit: von   bis
- Frühschicht ☐   Spätschicht ☐
- Teilschicht ☐   Nachtschicht ☐
- Urlaub ☐   Krank ☐

Stunden ☐
Überstunden ☐

Freitag: **Arbeitszeit:** von   bis

Frühschicht ☐	Spätschicht ☐	
Teilschicht ☐	Nachtschicht ☐	Stunden ☐
Urlaub ☐	Krank ☐	Überstunden ☐

Samstag: **Arbeitszeit:** von   bis

Frühschicht ☐	Spätschicht ☐	
Teilschicht ☐	Nachtschicht ☐	Stunden ☐
Urlaub ☐	Krank ☐	Überstunden ☐

Sonntag: **Arbeitszeit:** von   bis

Frühschicht ☐	Spätschicht ☐	
Teilschicht ☐	Nachtschicht ☐	Stunden ☐
Urlaub ☐	Krank ☐	Überstunden ☐

Gesamtstunden ☐

Meine Woche

Montag: Arbeitszeit: von   bis

Frühschicht		Spätschicht	
Teilschicht		Nachtschicht	
Urlaub		Krank	

Stunden ☐
Überstunden ☐

Dienstag: Arbeitszeit: von   bis

Frühschicht		Spätschicht	
Teilschicht		Nachtschicht	
Urlaub		Krank	

Stunden ☐
Überstunden ☐

Mittwoch: Arbeitszeit: von   bis

Frühschicht		Spätschicht	
Teilschicht		Nachtschicht	
Urlaub		Krank	

Stunden ☐
Überstunden ☐

Donnerstag: Arbeitszeit: von   bis

Frühschicht		Spätschicht	
Teilschicht		Nachtschicht	
Urlaub		Krank	

Stunden ☐
Überstunden ☐

Freitag:	Arbeitszeit: von	bis

Frühschicht	Spätschicht	
Teilschicht	Nachtschicht	Stunden
Urlaub	Krank	Überstunden

Samstag:	Arbeitszeit: von	bis

Frühschicht	Spätschicht	
Teilschicht	Nachtschicht	Stunden
Urlaub	Krank	Überstunden

Sonntag:	Arbeitszeit: von	bis

Frühschicht	Spätschicht	
Teilschicht	Nachtschicht	Stunden
Urlaub	Krank	Überstunden

Gesamtstunden

Meine Woche

Montag:
Arbeitszeit: von ___ bis ___

Frühschicht ☐	Spätschicht ☐
Teilschicht ☐	Nachtschicht ☐
Urlaub ☐	Krank ☐

Stunden ☐
Überstunden ☐

Dienstag:
Arbeitszeit: von ___ bis ___

Frühschicht ☐	Spätschicht ☐
Teilschicht ☐	Nachtschicht ☐
Urlaub ☐	Krank ☐

Stunden ☐
Überstunden ☐

Mittwoch:
Arbeitszeit: von ___ bis ___

Frühschicht ☐	Spätschicht ☐
Teilschicht ☐	Nachtschicht ☐
Urlaub ☐	Krank ☐

Stunden ☐
Überstunden ☐

Donnerstag:
Arbeitszeit: von ___ bis ___

Frühschicht ☐	Spätschicht ☐
Teilschicht ☐	Nachtschicht ☐
Urlaub ☐	Krank ☐

Stunden ☐
Überstunden ☐

Freitag:　　　　Arbeitszeit: von　　　bis

Frühschicht ☐	Spätschicht ☐
Teilschicht ☐	Nachtschicht ☐
Urlaub ☐	Krank ☐

Stunden ☐
Überstunden ☐

Samstag:　　　　Arbeitszeit: von　　　bis

Frühschicht ☐	Spätschicht ☐
Teilschicht ☐	Nachtschicht ☐
Urlaub ☐	Krank ☐

Stunden ☐
Überstunden ☐

Sonntag:　　　　Arbeitszeit: von　　　bis

Frühschicht ☐	Spätschicht ☐
Teilschicht ☐	Nachtschicht ☐
Urlaub ☐	Krank ☐

Stunden ☐
Überstunden ☐

Gesamtstunden ☐

Meine Woche

Montag:　　　　Arbeitszeit: von　　　bis

Frühschicht ☐　Spätschicht ☐

Teilschicht ☐　Nachtschicht ☐

Urlaub ☐　Krank ☐

Stunden ☐
Überstunden ☐

Dienstag:　　　Arbeitszeit: von　　　bis

Frühschicht ☐　Spätschicht ☐

Teilschicht ☐　Nachtschicht ☐

Urlaub ☐　Krank ☐

Stunden ☐
Überstunden ☐

Mittwoch:　　　Arbeitszeit: von　　　bis

Frühschicht ☐　Spätschicht ☐

Teilschicht ☐　Nachtschicht ☐

Urlaub ☐　Krank ☐

Stunden ☐
Überstunden ☐

Donnerstag:　　Arbeitszeit: von　　　bis

Frühschicht ☐　Spätschicht ☐

Teilschicht ☐　Nachtschicht ☐

Urlaub ☐　Krank ☐

Stunden ☐
Überstunden ☐

Freitag: Arbeitszeit: von   bis

Frühschicht		Spätschicht	
Teilschicht		Nachtschicht	
Urlaub		Krank	

Stunden ☐
Überstunden ☐

Samstag: Arbeitszeit: von   bis

Frühschicht		Spätschicht	
Teilschicht		Nachtschicht	
Urlaub		Krank	

Stunden ☐
Überstunden ☐

Sonntag: Arbeitszeit: von   bis

Frühschicht		Spätschicht	
Teilschicht		Nachtschicht	
Urlaub		Krank	

Stunden ☐
Überstunden ☐

Gesamtstunden ☐

Meine Woche

Montag: Arbeitszeit: von   bis

Frühschicht	Spätschicht
Teilschicht	Nachtschicht
Urlaub	Krank

Stunden ☐
Überstunden ☐

Dienstag: Arbeitszeit: von   bis

Frühschicht	Spätschicht
Teilschicht	Nachtschicht
Urlaub	Krank

Stunden ☐
Überstunden ☐

Mittwoch: Arbeitszeit: von   bis

Frühschicht	Spätschicht
Teilschicht	Nachtschicht
Urlaub	Krank

Stunden ☐
Überstunden ☐

Donnerstag: Arbeitszeit: von   bis

Frühschicht	Spätschicht
Teilschicht	Nachtschicht
Urlaub	Krank

Stunden ☐
Überstunden ☐

Freitag: Arbeitszeit: von   bis

Frühschicht ☐	Spätschicht ☐
Teilschicht ☐	Nachtschicht ☐
Urlaub ☐	Krank ☐

Stunden ☐

Überstunden ☐

Samstag: Arbeitszeit: von   bis

Frühschicht ☐	Spätschicht ☐
Teilschicht ☐	Nachtschicht ☐
Urlaub ☐	Krank ☐

Stunden ☐

Überstunden ☐

Sonntag: Arbeitszeit: von   bis

Frühschicht ☐	Spätschicht ☐
Teilschicht ☐	Nachtschicht ☐
Urlaub ☐	Krank ☐

Stunden ☐

Überstunden ☐

Gesamtstunden ☐

Monatsüberblick

Gesamtstunden	
Überstunden	
Arbeitstage gesamt	
Freie Tage	
Krank Tage	
Urlaubstage	

Wichtige Termine

Monat:

Datum:	Termin:

Meine Woche

Montag: Arbeitszeit: von   bis

- Frühschicht ☐
- Spätschicht ☐
- Teilschicht ☐
- Nachtschicht ☐
- Urlaub ☐
- Krank ☐

Stunden ☐
Überstunden ☐

Dienstag: Arbeitszeit: von   bis

- Frühschicht ☐
- Spätschicht ☐
- Teilschicht ☐
- Nachtschicht ☐
- Urlaub ☐
- Krank ☐

Stunden ☐
Überstunden ☐

Mittwoch: Arbeitszeit: von   bis

- Frühschicht ☐
- Spätschicht ☐
- Teilschicht ☐
- Nachtschicht ☐
- Urlaub ☐
- Krank ☐

Stunden ☐
Überstunden ☐

Donnerstag: Arbeitszeit: von   bis

- Frühschicht ☐
- Spätschicht ☐
- Teilschicht ☐
- Nachtschicht ☐
- Urlaub ☐
- Krank ☐

Stunden ☐
Überstunden ☐

Freitag: Arbeitszeit: von   bis

Frühschicht ☐	Spätschicht ☐
Teilschicht ☐	Nachtschicht ☐
Urlaub ☐	Krank ☐

Stunden ☐
Überstunden ☐

Samstag: Arbeitszeit: von   bis

Frühschicht ☐	Spätschicht ☐
Teilschicht ☐	Nachtschicht ☐
Urlaub ☐	Krank ☐

Stunden ☐
Überstunden ☐

Sonntag: Arbeitszeit: von   bis

Frühschicht ☐	Spätschicht ☐
Teilschicht ☐	Nachtschicht ☐
Urlaub ☐	Krank ☐

Stunden ☐
Überstunden ☐

Gesamtstunden ☐

Meine Woche

Montag: Arbeitszeit: von   bis

Frühschicht	Spätschicht
Teilschicht	Nachtschicht
Urlaub	Krank

Stunden ☐

Überstunden ☐

Dienstag: Arbeitszeit: von   bis

Frühschicht	Spätschicht
Teilschicht	Nachtschicht
Urlaub	Krank

Stunden ☐

Überstunden ☐

Mittwoch: Arbeitszeit: von   bis

Frühschicht	Spätschicht
Teilschicht	Nachtschicht
Urlaub	Krank

Stunden ☐

Überstunden ☐

Donnerstag: Arbeitszeit: von   bis

Frühschicht	Spätschicht
Teilschicht	Nachtschicht
Urlaub	Krank

Stunden ☐

Überstunden ☐

Freitag: Arbeitszeit: von   bis

Frühschicht		Spätschicht	
Teilschicht		Nachtschicht	
Urlaub		Krank	

Stunden ☐
Überstunden ☐

Samstag: Arbeitszeit: von   bis

Frühschicht		Spätschicht	
Teilschicht		Nachtschicht	
Urlaub		Krank	

Stunden ☐
Überstunden ☐

Sonntag: Arbeitszeit: von   bis

Frühschicht		Spätschicht	
Teilschicht		Nachtschicht	
Urlaub		Krank	

Stunden ☐
Überstunden ☐

Gesamtstunden ☐

Meine Woche

Montag: Arbeitszeit: von   bis

Frühschicht ☐	Spätschicht ☐
Teilschicht ☐	Nachtschicht ☐
Urlaub ☐	Krank ☐

Stunden ☐
Überstunden ☐

Dienstag: Arbeitszeit: von   bis

Frühschicht ☐	Spätschicht ☐
Teilschicht ☐	Nachtschicht ☐
Urlaub ☐	Krank ☐

Stunden ☐
Überstunden ☐

Mittwoch: Arbeitszeit: von   bis

Frühschicht ☐	Spätschicht ☐
Teilschicht ☐	Nachtschicht ☐
Urlaub ☐	Krank ☐

Stunden ☐
Überstunden ☐

Donnerstag: Arbeitszeit: von   bis

Frühschicht ☐	Spätschicht ☐
Teilschicht ☐	Nachtschicht ☐
Urlaub ☐	Krank ☐

Stunden ☐
Überstunden ☐

Freitag: Arbeitszeit: von   bis

Frühschicht ☐	Spätschicht ☐
Teilschicht ☐	Nachtschicht ☐
Urlaub ☐	Krank ☐

Stunden ☐
Überstunden ☐

Samstag: Arbeitszeit: von   bis

Frühschicht ☐	Spätschicht ☐
Teilschicht ☐	Nachtschicht ☐
Urlaub ☐	Krank ☐

Stunden ☐
Überstunden ☐

Sonntag: Arbeitszeit: von   bis

Frühschicht ☐	Spätschicht ☐
Teilschicht ☐	Nachtschicht ☐
Urlaub ☐	Krank ☐

Stunden ☐
Überstunden ☐

Gesamtstunden ☐

Meine Woche

Montag: Arbeitszeit: von bis

Frühschicht ☐ Spätschicht ☐

Teilschicht ☐ Nachtschicht ☐

Urlaub ☐ Krank ☐

Stunden ☐

Überstunden ☐

Dienstag: Arbeitszeit: von bis

Frühschicht ☐ Spätschicht ☐

Teilschicht ☐ Nachtschicht ☐

Urlaub ☐ Krank ☐

Stunden ☐

Überstunden ☐

Mittwoch: Arbeitszeit: von bis

Frühschicht ☐ Spätschicht ☐

Teilschicht ☐ Nachtschicht ☐

Urlaub ☐ Krank ☐

Stunden ☐

Überstunden ☐

Donnerstag: Arbeitszeit: von bis

Frühschicht ☐ Spätschicht ☐

Teilschicht ☐ Nachtschicht ☐

Urlaub ☐ Krank ☐

Stunden ☐

Überstunden ☐

Freitag:　　　Arbeitszeit: von　　　bis

Frühschicht ☐	Spätschicht ☐
Teilschicht ☐	Nachtschicht ☐
Urlaub ☐	Krank ☐

Stunden ☐
Überstunden ☐

Samstag:　　　Arbeitszeit: von　　　bis

Frühschicht ☐	Spätschicht ☐
Teilschicht ☐	Nachtschicht ☐
Urlaub ☐	Krank ☐

Stunden ☐
Überstunden ☐

Sonntag:　　　Arbeitszeit: von　　　bis

Frühschicht ☐	Spätschicht ☐
Teilschicht ☐	Nachtschicht ☐
Urlaub ☐	Krank ☐

Stunden ☐
Überstunden ☐

Gesamtstunden ☐

Meine Woche

Montag: Arbeitszeit: von ___ bis ___

Frühschicht ☐ Spätschicht ☐
Teilschicht ☐ Nachtschicht ☐
Urlaub ☐ Krank ☐

Stunden ☐
Überstunden ☐

Dienstag: Arbeitszeit: von ___ bis ___

Frühschicht ☐ Spätschicht ☐
Teilschicht ☐ Nachtschicht ☐
Urlaub ☐ Krank ☐

Stunden ☐
Überstunden ☐

Mittwoch: Arbeitszeit: von ___ bis ___

Frühschicht ☐ Spätschicht ☐
Teilschicht ☐ Nachtschicht ☐
Urlaub ☐ Krank ☐

Stunden ☐
Überstunden ☐

Donnerstag: Arbeitszeit: von ___ bis ___

Frühschicht ☐ Spätschicht ☐
Teilschicht ☐ Nachtschicht ☐
Urlaub ☐ Krank ☐

Stunden ☐
Überstunden ☐

Freitag: Arbeitszeit: von   bis

Frühschicht		Spätschicht	
Teilschicht		Nachtschicht	
Urlaub		Krank	

Stunden □

Überstunden □

Samstag: Arbeitszeit: von   bis

Frühschicht		Spätschicht	
Teilschicht		Nachtschicht	
Urlaub		Krank	

Stunden □

Überstunden □

Sonntag: Arbeitszeit: von   bis

Frühschicht		Spätschicht	
Teilschicht		Nachtschicht	
Urlaub		Krank	

Stunden □

Überstunden □

Gesamtstunden □

Impressum:Ann-Christin Reichelt , Grabenstr. 46, 38899 Hasselfelde

Monatsüberblick

Gesamtstunden	
Überstunden	
Arbeitstage gesamt	
Freie Tage	
Krank Tage	
Urlaubstage